中级

经济法
考点连连看

考点速记手册

唐亚琦 编著

中国财富出版社有限公司

图书在版编目（CIP）数据

中级经济法考点连连看 / 唐亚琦编著 . —北京：中国财富出版社有限公司, 2023.12
ISBN 978-7-5047-8025-6

Ⅰ.①中… Ⅱ.①唐… Ⅲ.①经济法—中国—资格考试—自学参考资料 Ⅳ.① D922.290.4

中国国家版本馆 CIP 数据核字 (2023) 第 236154 号

策划编辑	张　婷	责任编辑	张红燕　张　婷	版权编辑	李　洋
责任印刷	梁　凡	责任校对	孙丽丽	责任发行	董　倩

出版发行	中国财富出版社有限公司		
社　　址	北京市丰台区南四环西路 188 号 5 区 20 楼	邮政编码：100070	
电　　话	010 - 52227588 转 2098（发行部）	010 - 52227588 转 321（总编室）	
	010 - 52227566（24 小时读者服务）	010 - 52227588 转 305（质检部）	
网　　址	http://www.cfpress.com.cn	排　版	北京丰月广告服务有限公司
经　　销	新华书店	印　刷	西安秦汉印务有限公司
书　　号	ISBN 978-7-5047-8025-6/F·3616		
开　　本	889mm x1194mm1/16	版　次	2024 年 1 月第 1 版
印　　张	10.75	印　次	2024 年 2 月第 2 次印刷
字　　数	275 千字	定　价	59.00 元（全 3 册）

版权所有·侵权必究·印装差错·负责调换

目录 CONTENTS

第一章
总论 …………………………………………………… 01

第二章
公司法 ………………………………………………… 08

第三章
证券法 ………………………………………………… 16

第四章
合伙企业法 …………………………………………… 21

第五章
物权法 ………………………………………………… 24

第六章
合同法 ………………………………………………… 31

第七章
票据法 ………………………………………………… 40

第八章
保险法 ………………………………………………… 45

第九章
信托法 ………………………………………………… 49

第十章
预算法 ………………………………………………… 51

第十一章
国有资产管理法 ……………………………………… 53

第十二章
政府采购法 …………………………………………… 54

第一章 总论

【考点1】法律体系

（1）法律体系以国内现行法为限（不包括历史上废止、已不再有效的法律）。
（2）当代中国的法律体系主要由7个法律部门和3个不同层级的法律规范构成。
（3）法律部门划分的标准有主要标准（调整对象）和次要标准（调整方法）。
（4）规范性法律文件与法律部门不是一一对应的关系。

【考点2】法律行为

（1）法律行为（意思表示，举例：设立遗嘱、订立合同）。事实行为（举例：拾得遗失物、侵权、建造房屋、埋藏物的发现、发明创造）。
（2）民事法律行为划分。

几个意思：单方（举例：委托代理的撤销、无权代理的追认）；多方（举例：订立合同、决议）。

有无对价：有偿（举例：买卖、租赁、承揽）；无偿（举例：赠与、无偿委托、借用）。

形式划分：要式（融资租赁合同、建设工程合同、技术开发合同应当采用书面形式）；非要式。

依存关系：主（借款合同）；从（担保合同）。

（3）民事行为能力分类。

无民事行为能力（<8岁或完全不能辨认）；

限制民事行为能力（8岁≤年龄<18岁或不能完全辨认）；

完全民事行为能力（≥18岁或16岁≤年龄<18岁以自己劳动收入为主要生活来源）。

（4）附条件（举例：结婚、生子等将来发生的、不确定的事实，必须是合法事实）；

附期限（期限是必然到来的事实，举例：死亡、下次下雨）。

（5）①无效（无民事独立实施、虚假意思表示、恶意串通、违法、违背公序良俗；自始无效、当然无效、绝对无效）。

②可撤销（撤销权人——受害方），可撤销合同包括以下情形：

胁迫（受胁迫方）——自胁迫行为终止之日起1年内；

欺诈（受欺诈方）——自知道或应当知道撤销事由之日起1年内；

重大误解（行为人）——自知道或应当知道撤销事由之日起90日内；

显失公平（受损害方）——自知道或应当知道撤销事由之日起1年内。

【Tanya 提示】五年内没行使撤销权，撤销权消灭。一旦撤销，自始无效。

③效力待定（行为成立时尚未生效）。

【Tanya 提示】限制民事行为能力人：收到别人给的，纯获利一定有效；赠给别人的，要看赠送的是什么（价值低的直接有效、价值高的效力待定）。

【考点3】代理

（1）特征[以被代理人名义实施；是独立第三人意思表示（传递信息、中介行为等不属于代理行为）；法律后果归属于被代理人]。

（2）不得代理的情形（订立遗嘱、婚姻登记、收养子女）。

（3）代理的分类。

有权代理：委托代理（可书面、可口头）；法定代理（根据社会关系存在，适用于被代理人无行为能力、限制行为能力）。

无权代理：没有代理权；超越代理权；代理权终止。

【考点4】仲裁

1. 原则

自愿原则；以事实为根据，以法律为准绳，公平合理地解决纠纷原则；独立仲裁权原则；一裁终局原则。

2. 适用范围

（1）"平等主体"的公民、法人和其他组织之间发生的"合同纠纷和其他财产纠纷"。

（2）不能仲裁：①与人身有关的婚姻、收养、监护、扶养、继承纠纷；②行政争议。

（3）不适用《中华人民共和国仲裁法》的纠纷：劳动争议和农业集体经济组织内部的农业承包合同纠纷，另行规定。

3. 仲裁机构

不按行政区划层层设立；独立于行政机关；没有隶属关系。

4. 仲裁协议的效力

不能任意更改、终止或撤销；对双方当事人诉权的行使产生一定限制；排除诉讼管辖权；独立性。

5. 无效

超出仲裁范围；无民事行为能力人或限制民事行为能力人订立；胁迫；没约定且不能达成补充。

6. 效力异议

首次开庭前请求仲裁委员会作出决定。

7. 起诉

在首次开庭前未对人民法院受理该案提出异议的，视为放弃仲裁协议，人民法院应当继续审理。

8. 申请条件

有仲裁协议，有具体的仲裁请求和事实、理由，属于受理范围。

9. 仲裁员组成

可由 1 名仲裁员成立独任仲裁庭或 3 名仲裁员组成合议仲裁庭（需设首席仲裁员）。

10. 审理方式

原则上开庭审理、原则上不公开审理。

11. 撤销申请期限

可以在收到裁决书之日起 6 个月内申请撤销裁决。

12. 撤销情形

向中级人民法院申请撤销裁决。情形包括：没协议；超范围；违反法定程序；证据伪造；隐瞒足以影响公正裁决的证据；仲裁员在仲裁该案时有索贿受贿、徇私舞弊等行为。

【考点 5】民事诉讼概述

1. 适用范围

（1）民事纠纷案件（物权、债权、知识产权、人身权、婚姻家庭关系、继承关系、收养关系、不正当竞争等）。

（2）商事纠纷案件（票据纠纷案件、保险合同纠纷案件）。

（3）劳动争议案件（劳动合同纠纷案件）。

（4）适用《中华人民共和国民事诉讼法》审理的非诉案件。

2. 基本制度

（1）合议制度（合议庭成员应是 3 人及以上的单数）。

独任制：简易、公示催告、督促必独任；基层法院事实清晰可独任；社会影响大，新类型或疑难复杂案件不可独任。

合议制：选民资格案件或者重大、疑难案件。

（2）回避制度（审判人员、书记员、翻译人员、鉴定人、勘验人）。

（3）公开审判（国家秘密、个人隐私→一定不公开；离婚案件，涉及商业秘密案件→可以不公开；不论案件是否公开审理，一律公开宣告判决）。

（4）两审终审制度（一审终审：适用特别程序、督促程序、公示催告程序和简易程序中的小额诉讼程序审理的案件；最高人民法院所作的一审判决、裁定）。

【考点 6】民事诉讼的地域管辖

1. 一般案件

原告就被告原则、被告住所地。

2. 专属管辖

不动产纠纷为不动产所在地；港口作业纠纷为港口所在地；继承遗产为被继承人死亡时住所地或主要遗产所在地。

3. 协议管辖

合同纠纷或者其他财产权益纠纷。

4. 特殊地域管辖

合同纠纷为合同履行地；保险合同纠纷为保险标的物所在地，其中，人身保险合同为被保险人住所地；票据纠纷为票据支付地；因侵权行为提起的诉讼为侵权行为地；交通运输合同纠纷为运输始发地或目的地。

【考点7】民事诉讼程序

1. 一审程序（3日→传唤；7日→立案）

起诉条件（原告是与本案有直接利害关系的公民、法人和其他组织；有明确的被告；有具体的诉讼请求和事实、理由；属于人民法院受理民事诉讼的范围和受诉人民法院管辖）。

2. 简易程序

（1）不适用（起诉时被告下落不明，发回重审，当事人一方或双方人数众多，适用审判监督程序，涉及国家利益、社会公共利益，第三人起诉请求改变或者撤销生效判决、裁定、调解书，其他不宜适用简易程序的案件）。

（2）简易→普通（√）；普通→简易（×）。

（3）小额诉讼程序。

①标的额在当地上年平均工资50%以下的→适用小额诉讼的程序审理。

②标的额在当地上年平均工资50%以上但在2倍以下的→可以约定适用小额诉讼的程序。

（4）不得适用小额诉讼程序。

人身关系、财产确权案件；涉外案件；需要评估、鉴定案件；一方当事人下落不明的案件；当事人提出反诉的案件。

3. 二审程序

（1）判决书→15日；裁定书→10日。

（2）收到上诉状之日起3个月内作出终审判决，可延长。

4. 审判监督程序（再审）

（1）法院启动、当事人申请（不停止判决、裁定的执行；当事人对已经发生法律效力的调解书申请再审，应当在调解书发生法律效力后6个月内提出）。

（2）不予受理（再审申请被驳回后再次提出申请的；对再审判决、裁定提出申请的；在人民检察院对当事人的申请作出不予提出再审检察建议或者抗诉决定后又提出申请的）。

5. 法院调解

（1）不得调解（适用特别程序、督促程序、公示催告程序的案件，婚姻等身份关系确认案件）。

（2）法院调解生效后，具有以下法律效力：

①诉讼结束，当事人不得以同一事实和理由再行起诉；

②该案的诉讼法律关系消灭；

③对调解书不得上诉；

④当事人在诉讼中的实体权利义务争议消灭；

⑤具有给付内容的调解书具有强制执行效力。

【考点8】诉讼时效（适用于请求权）

（1）权利人不在法定期间内行使权利而失去诉讼保护的制度。

（2）诉讼时效届满时不消灭实体权利，只是债务人产生抗辩权；法定性和强制性（预先放弃无效）。

（3）不适用诉讼时效抗辩的种类：支付存款本金利息请求权、兑付债券本息、基于投资关系产生的缴付出资请求权。

（4）不适用诉讼时效的规定：停止侵害、排除妨碍、消除危险；不动产物权和动产物权的权利人请求返还财产；请求支付抚养费、赡养费；其他。

（5）普通→3年；最长→20年（可延长、不中止、不中断）。

（6）起算：分期→最后一期；未成年人遭受性侵害→年满18周岁。

（7）中止：客观——暂停（不可抗力、没有法定代理人、未确定继承人、被控制）。

（8）中断：主观——清零（同意履行、提出履行、提起诉讼或仲裁）。

【考点9】行政争议解决途径

（1）或议或诉：适用于一般行政争议案件，复议期间不得诉讼，已经诉讼不能复议。

（2）先议后诉（复议前置）：征税行为、自然资源侵权行政争议。

（3）只能议不能诉（复议终局）（自然资源确权行政争议）。

【考点10】行政复议

（1）不可申请行政复议（内部行政行为；抽象行政行为；行政机关针对民事争议的处理）。

（2）行政复议参加人（包括申请人、被申请人和第三人）。

（3）行政复议机关。

地方各级人民政府→上一级人民政府；

海关、金融、税务、外汇、国安→上一级主管部门；

县级以上地方各级人民政府工作部门→该部门的本级人民政府或上一级主管部门；

政府工作部门设立的派出机构→设立部门或该部门的本级地方人民政府；

国务院部门、省级人民政府→自己复议。

（4）行政复议的申请、受理与审查。

①自知道该具体行政行为之日起60日内提出行政复议申请；但是法律规定的申请期限超过60日的除外。

②书面、口头都可以提起行政复议。

③不停止执行的例外（被申请人认为；行政复议机关认为；申请人申请停止执行，行政复议机关认为其要求合理，决定停止执行；法律规定停止执行的）。

④举证责任（被申请人承担；在行政复议过程中，被申请人不得自行向申请人或其他有关组织或者个人收集证据）。

⑤行政复议原则上采取书面审查（不开庭）的方法。

⑥行政复议机关应当自受理申请之日起60日内作出行政复议决定；但是法律规定的行政复议期限少于60日的除外。

⑦决定类型。

维持决定→事实清楚，证据确凿，程序合法，内容适当；

履行决定→被申请人应当履行而不履行的，决定在期限内履行；

撤销、变更或确认违法决定→事实不清，证据不足；依据错误；违反法定程序；超越或滥用职权；具体行政行为明显不当。

【考点11】行政诉讼

1. 不受理的情形

国防、外交等国家行为；抽象行政行为（具有普遍约束力的决定、命令）、内部行政行为、调解行为以及法律规定的仲裁行为、行政指导行为、行政机关作出的不产生外部法律效力的行为、过程性行为等。

2. 诉讼管辖

中级人民法院管辖下列第一审行政案件：对国务院部门或者县级以上地方人民政府所作的行政行为提起诉讼的案件；海关处理的案件；本辖区内重大、复杂的案件。

3. 原告

（1）联营企业、中外合资或者合作企业的联营、合资、合作各方可以自己的名义提起诉讼。

（2）股份制企业的股东大会、股东会、董事会可以企业名义提起诉讼。

4. 被告

（1）直接起诉→作出行政行为的行政机关是被告；

（2）复议维持→作出原行政行为的行政机关和复议机关是共同被告；

（3）复议改变→复议机关是被告；

（4）复议机关逾期未作出决定：

　　①起诉原行政行为→作出原行政行为的机关是被告；

　　②起诉复议机关不作为→复议机关是被告。

5. 行政诉讼的起诉与受理

经复议→收到复议决定书之日起 15 日内向人民法院提起诉讼。

未经复议→应当自知道或者应当知道作出行政行为之日起 6 个月内提出。

因不动产提起诉讼的案件→自行政行为作出之日起 20 年。

其他案件→自行政行为作出之日起 5 年。

6. 调解

人民法院审理行政案件，不适用调解，但下列案件可以调解：

行政赔偿、补偿案件；行政机关行使法律、法规规定的自由裁量权的案件。

7. 裁定停止执行

诉讼期间，不停止行政行为的执行，但有下列情形之一的，裁定停止执行：

被告认为；原告或者利害关系人申请停止执行；人民法院认为；法律、法规规定停止执行的。

第二章 公司法 02

【考点1】分公司和子公司

分公司：没有独立的公司名称、章程，没有独立的财产，不具有法人资格，但可领取营业执照，进行经营活动，其民事责任由总公司承担。

子公司：有独立的公司名称、章程、独立的财产，可领取营业执照，有法人资格，依法独立承担民事责任。

【考点2】公司法人人格否定

不作财务记载的；公司账簿与股东账簿不分，致使公司财产与股东财产无法区分的；致使双方利益不清的。

【考点3】公司法人财产权

（1）向其他企业投资或者为他人提供担保，由董事会或者股东会、股东大会决议，数额不得超过规定的限额。

（2）为公司股东或者实际控制人提供担保的，必须经股东会或者股东大会决议，该项表决由出席会议的其他股东所持表决权的过半数通过。

（3）公司原则上不得成为承担连带责任的出资人。

【考点4】公司登记管理

（1）法定代表人（由董事长、执行董事或者经理担任）。

（2）营业执照签发日期为公司的成立日期。

（3）检查措施（不能直接冻结银行账户）。

（4）歇业（自然灾害、事故灾难、公共卫生事件、社会安全事件；歇业前向登记机关办理备案期限最长不得超过3年；歇业期间开展经营活动的，视为恢复营业）。

（5）简易注销程序（20日；公司注销依法须经批准的，或者公司被吊销营业执照、责令关闭、撤销，或者被列入经营异常名录的，不适用简易注销程序）。

（6）公司章程对公司、股东、董事、监事和高级管理人员均有约束力（没实际控制人和员工）。

（7）公司章程绝对记载事项。

公司名称和住所，公司营业范围，公司注册资本，股东的姓名或名称，公司法定代表人，公司的机构及其产生办法、职权、议事规则，股东的出资方式、出资额和出资时间等。

第二章 公司法

【考点 5】股东出资

（1）出资形式：土地所有权不能出资，非法的财产（如毒品）不能出资；股东不得以劳务、信用、自然人姓名、商誉、特许经营权或者设定担保的财产等作价出资。

【Tanya 提示】所有非货币出资都需要进行评估，但评估不一定由法定评估机构进行，也可以由股东协商进行评估作价。

（2）非货币出资贬值因市场变化或者其他客观因素导致出资财产贬值，公司、其他股东或者公司债权人不得请求该出资人承担补足出资责任。

（3）交付和权属变更手续：未变更，去变更；变更后，交付算。

（4）抽逃出资责任：股东抽逃出资，公司或者其他股东可以请求其向公司返还出资本息、协助抽逃出资的其他股东、董事、高级管理人员或者实际控制人对此承担连带责任。

（5）股东未履行或者未全面履行出资义务或者抽逃出资，公司可以根据公司章程或者股东会决议对其利润分配请求权、新股优先认购权、剩余财产分配请求权等股东权利作出相应的合理限制。

（6）有限责任公司的股东未履行出资义务或者抽逃全部出资，经公司催告缴纳或者返还，其在合理期间内仍未缴纳或者返还出资，公司可以以股东会决议解除该股东的股东资格。

（7）公司股东未履行或者未全面履行出资义务或者抽逃出资，公司或者其他股东请求其向公司全面履行出资义务或者返还出资，被告股东不得以诉讼时效为由进行抗辩。

【考点 6】公司设立阶段的民事责任

（1）合同之债（以发起人名义订立的合同→发起人承担合同责任；公司成立后公司承担）。

（2）侵权之债（成立后公司承担侵权赔偿责任；成立前全体发起人承担连带赔偿责任）。

【考点 7】名义股东和实际出资人

（1）代持股协议效力：有效。

（2）隐名股东显名化：其他股东半数以上（数人头）。

（3）因投资权益的归属发生争议：实际出资人。

（4）欠缴出资：股东不得以其仅为名义股东而非实际出资人为由进行抗辩。

（5）冒名登记：冒名登记行为人应当承担相应责任。

【考点 8】公司决议效力样态

（1）不成立（没开会、没表决、人不够、票不够）。

（2）无效（内容违法、违规）。

（3）可撤销（会议召集程序、表决方式违反法律、行政法规或者公司章程，或者决议内容违反公司章程）。

【考点9】股东诉讼

连续180日以上单独或合计持有公司1%以上股份的股东可书面请求监事会或不设监事会的有限责任公司的监事向人民法院提起诉讼。

【考点10】解散公司诉讼

（1）解散事由：经营管理发生严重困难。

（2）不予受理：股东以知情权、利润分配请求权受损要求解散；以公司亏损、财产不足以偿还全部债务，以及公司被吊销企业法人营业执照未进行清算等为由，提起解散公司诉讼的；股东提起解散之诉的同时又申请对公司进行清算的，人民法院不予受理。

【考点11】股东（大）会

项目	股东会	股东大会
定期会议	依照公司章程的规定按时召开	应当每年召开1次年会（上市公司股东大会，应当于上一会计年度结束后的6个月内举行）
临时会议	提议召开： 代表1/10以上表决权的股东； 1/3以上的董事； 监事会或者不设监事会的公司的监事	2个月内召开临时股东大会： 董事人数不足5人（<5人）或者公司章程所规定人数的2/3； 公司未弥补的亏损达实收股本总额的1/3； 单独或者合计持有公司10%以上股份的股东请求； 董事会认为必要； 监事会提议召开； 公司章程规定的其他情形

续表

项目	股东会	股东大会
召集、主持	首次股东会会议由出资最多的股东召集和主持； 以后的股东会会议董事会召集，董事长主持→副董事长→半数以上董事共同推举1名董事→监事会/监事→代表1/10以上表决权的股东	股东大会会议由董事会召集，董事长主持→副董事长→半数以上董事共同推举1名董事→监事会→90日+≥10%股东
通知	股东会会议召开15日前通知；但是，公司章程另有规定或者全体股东另有约定的除外	定期会议：召开20日前通知。 临时会议：召开15日前通知
表决权	股东会会议由股东按照出资比例行使表决权；但是，公司章程另有规定的除外（章程规定→出资比例）	股东出席股东大会会议，所持每一股份有一表决权。但是，公司持有的本公司股份没有表决权
普通决议	由公司章程规定	经出席会议的股东所持表决权过半数通过（>1/2）
特别决议	修改公司章程；增加或者减少注册资本；公司合并、分立、解散；变更公司形式	
	经代表2/3以上表决权的股东通过	经出席会议的股东所持表决权的2/3以上通过
回避	当特定股东与股东会决议事项存在利益冲突，其行使表决权有可能损害公司或股东整体利益时，该股东应当回避此事项的表决	—

【考点12】董事会

项目	有限责任公司	股份有限公司
设置	可以不设：股东人数较少或者规模较小的有限责任公司，可以设1名执行董事，不设董事会	应当设董事会
董事任期	由公司章程规定，但每届任期不得超过3年（≤3年）；任期届满，连选可以连任	
	董事任期届满未及时改选，或者董事在任期内辞职导致董事会成员低于法定人数的，在改选出的董事就任前，原董事仍应当依照法律、行政法规和公司章程的规定，履行董事职务	

续表

项目	有限责任公司	股份有限公司
解聘不需要理由	董事任期届满前被股东会或者股东大会有效决议解除职务，其主张解除不发生法律效力的，人民法院不予支持； 董事职务被解除后，因补偿与公司发生纠纷提起诉讼的，人民法院应当依据法律、行政法规、公司章程的规定或者合同的约定，综合考虑解除的原因、剩余任期、董事薪酬等因素，确定是否补偿以及补偿的合理数额	
成员	3~13 人	5~19 人
董事长	董事会设董事长 1 人，可以设副董事长	
	董事长、副董事长的产生办法由公司章程规定	董事长和副董事长由董事会以全体董事的过半数选举产生
定期会议	—	董事会每年度至少召开 2 次会议（会议召开 10 日前通知全体董事和监事）
临时会议	—	代表 1/10 以上表决权的股东提议召开； 1/3 以上董事提议召开； 监事会提议召开
召集、主持	董事会会议由董事长召集和主持→副董事长→半数以上董事共同推举 1 名董事	
决议规则	董事会决议的表决，实行一人一票； 董事会的议事方式和表决程序除公司法有规定的外，由公司章程规定	董事会会议应有过半数的董事出席方可举行（董事因故不能出席，可以书面委托其他董事代为出席，委托书中应载明授权范围）； 董事会决议的表决，实行一人一票； 董事会作出决议，必须经全体董事的过半数通过
会议记录	董事会应当对所议事项的决定作成会议记录，出席会议的董事应当在会议记录上签名	

【考点 13】关联董事表决权排除制度

上市公司董事与董事会会议决议事项所涉及的企业有关联关系的，不得对该项决议行使表决权，也不得代理其他董事行使表决权。该董事会会议由过半数的无关联关系董事出席即可举行，董事会会议所作决议须经无关联关系董事过半数通过。出席董事会的无关联关系董事人数不足 3 人的，应将该事项提交上市公司股东大会审议。

【考点 14】一人有限责任公司

（1）股东资格：
　　①股东是一个自然人或者一个法人。
　　②一个自然人只能投资设立一个一人有限责任公司。
（2）组织机构：
　　①不设股东会。
　　②作出决定时，应当采用书面形式，并由股东签字后置备于公司。
（3）财报和审计：应当编制财务会计报告，并经会计师事务所审计。
（4）股东不能证明公司财产独立于股东自己财产的，应当对公司债务承担连带责任。

【考点 15】高级管理人员

高级管理人员：经理、副经理、财务负责人，上市公司董事会秘书。

【考点 16】股份转让

（1）转让地点：证券交易场所或国务院规定的其他方式。
（2）转让方式：记名股票转让（背书）；无记名股票转让（交付）。

【考点 17】优先股

（1）发行主体：公开发行限于上市公司；非公开发行限于上市公司和非上市公众公司。
（2）优先分配利润、优先分配剩余财产。
（3）除以下情形外，优先股股东不出席股东大会会议，所持股份没有表决权：
　　①修改公司章程中与优先股相关的内容；
　　②一次或累计减少公司注册资本超过10%（没有"增加"）；
　　③公司合并、分立、解散或变更公司形式；
　　④发行优先股。

【考点 18】股份转让限制

（1）发起人：自公司成立之日起 1 年内不得转让。
（2）董事、监事、高级管理人员：在职期间每年转让不得超过其持有的 25%、上市交易之日起 1 年内不得转让、离职后半年内不得转让。

【考点19】股份回购

（1）公司不得收购本公司股份。

（2）可以回购（减资：10日内注销。对合并、分立有异议，6个月内注销或转让）。

（3）公司不得接受本公司的股票作为质押权的标的。

【考点20】合并分立

项目	公司合并	公司分立
通知、公告	自作出合并决议之日起10日内通知债权人，并于30日内在报纸上公告	自作出分立决议之日起10日内通知债权人，并于30日内在报纸上公告
债权人保护	债权人自接到通知书之日起30日内，未接到通知书的自公告之日起45日内，可以要求公司清偿债务或者提供相应的担保	公司分立前的债务由分立后的公司承担连带责任。但是，公司在分立前与债权人就债务清偿达成的书面协议另有约定的除外（没有清偿债务和担保）

【考点21】公司解散和清算

1. 情形

解散情形	公司章程规定的营业期限届满或者公司章程规定的其他解散事由出现； 股东会或者股东大会决议解散； 因公司合并或者分立需要解散（不需要清算，因为公司继续存续）； 依法被吊销营业执照、责令关闭或者被撤销； 人民法院依法将公司予以解散（司法强制解散）

2. 清算组

公司	自行清算（15日内）	强制清算
有限公司	股东	债权人申请→股东申请
股份公司	董事、股东大会指定的人	

3. 董事和控股股东责任

（1）未及时成立清算组、恶意处理或虚假清算、未清算就注销：赔偿责任；

（2）怠于履行义务：连带清偿责任。

4. 清偿顺序（同合伙企业）

清算费用→职工的工资、社会保险费用和法定补偿金→所欠税款→其他债务。

【考点 22】公积金

1. 分配顺序

补亏→交税→提取公积金→分配财产。

2. 公积金

（1）来源：法定公积金按税后利润的 10% 提取，当法定公积金累计额为注册资本 50% 以上时可不再提取。

（2）用途：

①弥补公司亏损：资本公积金不得用于弥补公司的亏损。

②扩大公司生产经营。

③转增公司资本：任意公积金转增，没有限制；法定公积金转增，留存的公积金不少于转增前注册资本的 25%。

第三章 证券法 03

【考点1】证券法适用范围

证券类型	发行	上市
股票、公司债券、存托凭证	√	√
政府债券、证券投资基金份额	×	√
资产支持证券、资产管理产品	×	×

【考点2】证券发行

分类标准		类型
根据发行对象	公开发行	面向"不特定"对象发行。 向累计"超过200人"的特定对象发行，但依法实施员工持股计划的员工人数不计算在内。 不特定对象：不限定人数。 特定对象：看人数，必须超过200人
	非公开发行	不得采用广告、公开劝诱和变相公开方式

【考点3】证券承销

代销或包销：证券的代销、包销期限最长不得超过90日；不得预留证券；代销股票数量不到拟公开发行股票数量的70%，发行失败。

【考点 4】主板上市公司配股和增发的条件

情形	发行对象	发行条件	发行失败
配股	原股东	数量：不超过本次配售股份前股本总额的 30%	控股股东不履行认配股份的承诺
		控股股东应当在股东大会召开前公开承诺认配股份的数量	代销期届满，原股东认购股票的数量未达到拟配售数量的 70%
		采用代销	—
增发	不特定对象	除金融类企业外，最近一期末不存在财务投资	—
		发行价格：≥前 20 个交易日或≥前 1 个交易日均价	—
		近 3 个会计年度加权平均净资产收益率不低于 6%	—

【考点 5】公开发行公司债券

公开发行公司债券	发行条件	具备健全且运行良好的组织机构； 最近 3 年平均可分配利润足以支付公司债券 1 年的利息； 具有合理的资产负债结构和正常的现金流量； 国务院规定的其他条件
	公开发行公司债券，由证券交易所负责受理、审核，并经中国证监会注册	
募资用途	不得用于弥补亏损和非生产性支出；改变用途，必须经债券持有人会议作出决议	
普通投资者和专业投资者	资信状况符合以下标准的公开发行公司债券，专业投资者和普通投资者可以参与认购： 发行人最近 3 年无债务违约或者延迟支付本息的事实； 发行人最近 3 年平均可分配利润不少于债券 1 年利息的 1.5 倍； 发行人最近一期末净资产规模不少于 250 亿元； 发行人最近 36 个月内累计公开发行债券不少于 3 期，发行规模不少于 100 亿元； 中国证监会根据投资者保护的需要规定的其他条件	

【考点6】公司债券的非公开发行与交易

非公开发行	非公开发行的公司债券应当向专业投资者发行，不得采用广告、公开劝诱和变相公开方式，每次发行对象不得超过200人。 【Tanya提示】非公开发行公司债券，承销机构或依照规定自行销售的发行人应当在每次发行完成后5个工作日内向中国证券业协会报备
交易对象	非公开发行的公司债券仅限于专业投资者范围内转让。转让后，持有同次发行债券的投资者合计不得超过200人
资格豁免	发行人的董事、监事、高级管理人员及持股比例超过5%的股东，可视同专业投资者参与发行人相关公司债券的认购或交易、转让
交易场所	非公开发行公司债券，可以申请在证券交易所、全国中小企业股份转让系统、证券公司柜台转让

【考点7】短线交易

上市公司、股票在国务院批准的其他全国性证券交易场所交易的公司持有5%以上股份的股东、董事、监事、高级管理人员，将其持有的该公司的股票或者其他具有股权性质的证券在买入后6个月内卖出，或者在卖出后6个月内又买入，由此所得收益归该公司所有，公司董事会应当收回其所得收益。

【考点8】证券市场信息披露

1. 首次信息披露文件

招股说明书、债券募集说明书、上市公告书等。

2. 定期报告

年度报告（4个月）；

中期报告（2个月）。

3. 临时报告（股票）

（1）重大；

（2）公司的董事、1/3以上监事或者经理发生变动，董事长或者经理无法履行职责；

（3）公司分配股利、增资的计划。

4. 临时报告（债券）

（1）公司新增借款或者对外提供担保超过上年末净资产的20%；

（2）公司放弃债权或者财产超过上年末净资产的 10%；

（3）公司发生超过上年末净资产 10% 的重大损失；

（4）公司分配股利，作出减资、合并、分立、解散及申请破产的决定，或者依法进入破产程序、被责令关闭（没有增资）。

【考点 9】持股权益披露

方式	持股权益	披露 时间限制	报告	通知	公告	锁定期	违规后果
场内交易	=5%	3 日内	√	√	√	发生之日起 3 日内（不得再行买卖该上市公司的股票）	买入后的 36 个月内，对该超过规定比例部分的股份不得行使表决权
	±5%	3 日内	√	√	√	发生之日起至公告后 3 日内（不得再行买卖该上市公司的股票）	买入后的 36 个月内，对该超过规定比例部分的股份不得行使表决权
	±1%	次日	—	√	√	可以买、也可以卖	—
场外交易（协议转让）	≥5%	3 日内	√	√	√	报告、公告前	—
	±≥5%	3 日内	√	√	√	报告、公告前	—

【考点 10】要约收购

1. 要约收购的规则

（1）强制要约：达到 30% 时继续增持的，必须全面或部分要约；超过 30%，必须全面要约。

（2）支付方式：现金或证券。

（3）收购期：30~60 日。

收购人不得撤销，不得卖出。

期限届满前 15 日内，收购人不得变更。

【Tanya 提示】变更要约不得降低收购价格，减少预定收购股份数额，缩短收购期限。

（4）期满的处理。

①预受要约股份的数量超过预定收购数量，按同等比例收购预受要约的股份；

②被收购公司股权分布不符合上市条件的，股票应当终止上市交易。其余仍持有被收购公司股票的股东，有权以同等条件出售，收购人应当收购；

③收购期限届满后 15 日内，收购人向交易所和证监会报送书面报告；

④收购行为完成后 18 个月内不得转让，除非同控。

2. **豁免要约的情形**

（1）在同一实际控制人控制的不同主体之间进行，未导致实际控制人发生变化；

（2）上市公司面临严重财务困难，收购人提出的挽救公司的重组方案取得股东大会批准，且收购人承诺 3 年内不转让；

（3）投资者取得上市公司向其发行的新股，导致其股份超过 30%，投资者承诺 3 年内不转让，且股东大会同意投资者免于发出要约；

（4）拥有权益的股份达到或超过 30% 的，事实发生之日起 1 年后，每 12 个月内增持不超过已发行的 2%；

（5）拥有权益的股份达到或超过 50% 的，继续增加不影响该公司的上市地位。

3. **协议收购**

收购协议达成后，收购人必须在 3 日内将该收购协议向国务院证券监督管理机构及证券交易所作出书面报告，并予公告。在公告前不得履行收购协议。

【考点 11】投资者保护

1. **适当性管理**

证券公司依法承担投资者适当性管理义务。

2. **对普通投资者的特殊保护**

（1）与普通投资者发生纠纷，证券公司应当证明其行为符合规定，不存在误导、欺诈；

（2）与普通投资者发生证券业务纠纷，对方提出调解请求，证券公司不得拒绝。

3. **股东代理权征集**

（1）征集人：上市公司董事会、独立董事、持股 1% 以上的股东或投资者保护机构；

（2）禁止以有偿方式征集股东权利。

4. **先行赔付**

控股股东、实际控制人、相关的证券公司可以委托投资者保护机构赔付。

5. **债券持有人与受托管理人**

（1）公开发行公司债券，应当设立债券持有人会议；

（2）公开发行公司债券，发行人应当为债券持有人聘请债券受托管理人；债券持有人会议可以决议变更债券受托管理人。

6. **投资者保护机构诉讼**

投资者保护机构持有该公司股份的，行使股东代表诉讼权利，持股比例和持股期限不受《中华人民共和国公司法》规定的限制。

第四章 合伙企业法 04

【考点1】合伙企业的设立

项目	普通合伙人	有限合伙人
人数	≥2人（自然人必须完全民事）	2~50人（自然人无行为能力要求）
出资	①合伙人可以用货币、实物、知识产权、土地使用权或者其他财产权利出资，也可以用劳务出资； ②非货币出资形式评估作价； 　合伙人以实物、知识产权、土地使用权或者其他财产权利出资，需要评估作价的，可以由全体合伙人协商确定，也可以由全体合伙人委托法定评估机构评估。 【Tanya提示】委托人须为全体合伙人，而不能是一个或数个合伙人	
劳务出资	劳务出资只能全体合伙人协商，不能委托评估机构	×
事务执行	①可以依法执行合伙企业事务，对外代表合伙企业； ②合伙企业对合伙人执行合伙事务以及对外代表合伙企业权利的限制，不得对抗善意第三人	①不执行、不得对外代表； ②"提议入退事务所，查阅账报诉担保"不视为执行合伙事务； ③第三人有理由相信有限合伙人为普通合伙人并与其交易的，该有限合伙人对该笔交易承担与普通合伙人同样的责任
对内转让份额	合伙人之间转让在合伙企业中的全部或者部分财产份额时，应当通知其他合伙人	
对外转让份额	除合伙协议另有约定外，须经其他合伙人一致同意	可以按照合伙协议的约定对外转让财产份额，但应当提前30日通知其他合伙人
财产份额出质	普通合伙人以其在合伙企业中的财产份额出质的，须经其他合伙人一致同意。未经其他合伙人一致同意，其行为无效。由此给善意第三人造成损失的，由行为人依法承担赔偿责任	有限合伙人可以将其在有限合伙企业中的财产份额出质；但是，合伙协议另有约定的除外

21

续表

项目	普通合伙人	有限合伙人
与本企业交易	除合伙协议另有约定或者经全体合伙人一致同意外，普通合伙人不得同本合伙企业进行交易	有限合伙人可以同本有限合伙企业进行交易；但是，合伙协议另有约定的除外
从事相竞争的业务	普通合伙人不得自营或者同他人合作经营与本合伙企业相竞争的业务	有限合伙人可以自营或者同他人合作经营与本有限合伙企业相竞争的业务；但是，合伙协议另有约定的除外
利润分配	合伙协议不得约定将全部利润分配给部分普通合伙人	有限合伙企业不得将全部利润分配给部分合伙人；但是，合伙协议另有约定的除外
丧失偿债能力	当然退伙	无须退伙
丧失民事行为能力	经其他合伙人一致同意，可以依法转为有限合伙人，普通合伙企业依法转为有限合伙企业；其他合伙人未能一致同意的，该无民事行为能力或者限制民事行为能力的合伙人只能退伙	无须退伙
继承	继承人要继承普通合伙人资格应当满足下列条件：继承人愿意；除非合伙协议另有约定，否则应当经全体合伙人一致同意；满足相应的资格要求	无论其继承人是否具备完全民事行为能力，都可以依法取得有限合伙人的资格
责任承担	"所有的合伙人"对"所有的企业债务"均承担无限连带责任。如特殊普通合伙企业：因故意或者重大过失引起的企业债务，由该合伙人承担无限责任。其他合伙人只承担有限责任	对所有的企业债务只承担有限责任。相对人有理由相信有限合伙人为普通合伙人并与其交易的，该有限合伙人对该笔交易承担与普通合伙人同样的责任
新入伙人的责任	对入伙前合伙企业的债务承担无限连带责任（前后都无限）	对入伙前有限合伙企业的债务，以其认缴的出资额为限承担责任（认缴）
退伙人的责任	对基于其退伙前原因发生的合伙企业债务，承担无限连带责任	对基于其退伙前原因发生的有限合伙企业债务，以其退伙时从有限合伙企业中取回的财产为限承担责任
合伙人的性质转变	普通合伙人转变为有限合伙人的，对其作为普通合伙人期间合伙企业发生的债务承担无限连带责任（前无限后有限）	有限合伙人转变为普通合伙人的，对其作为有限合伙人期间有限合伙企业发生的债务承担无限连带责任（前后都无限）

【考点2】退伙

（1）自愿退伙。

①协议退伙：合伙协议约定合伙期限；

②通知退伙：合伙协议未约定合伙期限 + 提前30日通知其他合伙人。

（2）当然退伙：死亡；丧失偿债能力；被吊销营业执照、责令关闭、撤销，或者被宣告破产；丧失资格；合伙人在合伙企业中的全部财产份额被人民法院强制执行。

（3）除名：须经其他合伙人一致同意，并存在以下情形之一。

①未履行出资义务；

②因故意或重大过失给企业造成损失；

③执行合伙事务时有不正当行为；

④发生合伙协议约定的事由。

【考点3】合伙企业的事务管理

（1）普通合伙企业事务执行：不执行的只能监督，执行事务合伙人可提出异议。

（2）除合伙协议另有约定外，合伙企业的下列事项应当经全体普通合伙人一致同意：

改变合伙企业的名称；改变合伙企业的经营范围、主要经营场所的地点；处分合伙企业的不动产；转让或者处分合伙企业的知识产权和其他财产权利；以合伙企业名义为他人提供担保；聘任合伙人以外的人担任合伙企业的管理人员。

（3）损益分配：合伙协议约定→合伙人协商→实缴出资比例→平均分。

【考点4】债务处理

不得抵销、不得代位、可收益、可强制执行。

【考点5】特殊普通合伙企业

故意或者重大过失给合伙企业造成损失（责任人→连带，其他→财产份额为限）。

非故意或者重大过失给企业造成损失（责任人→连带，其他→连带）。

【考点6】合伙企业解散事由

期限届满；解散事由出现；全体合伙人决定解散；不具备法定人数满30天；合伙目的已实现或无法实现；被吊销、撤销（没有停业整顿）。

第五章 物权法 05

【考点1】物的特征与分类

1. 特征

（1）物须具有客观物质性，系属有体物，且可为人们支配和使用；

（2）活人的身体并不属于物；

（3）在法律特别规定情形中，权利可以成为物权的客体。

2. 分类

（1）物能否移动且是否因移动而损害其价值。

不动产（建筑物、构筑物、在建房屋、纪念碑、林木、矿藏、海域、水库、贮水池、停车位、停车库）。

动产（桌子、手机、书本、汽车、船舶、航空器）。

（2）两个独立存在的物在用途上客观存在的主从关系（机器和维修工具、电视机和遥控器）。

（3）两物之间存在的原有物产生新物的关系（天然孳息：香蕉、鸡蛋；法定孳息：利息、股利、租金）。

【考点2】物权的分类

自物权→所有权（国家所有权、集体所有权、私人所有权）。

他物权→用益物权（土地承包经营权、建设用地使用权、宅基地使用权、居住权、地役权）。

他物权→担保物权（抵押权、质权、留置权）。

【考点3】物权和债权对比

物权：支配权、排他性、对世权、绝对权；债权：请求权、相对权、对人权。

【考点4】不动产物权变动

基于法律行为→登记；

非基于法律行为→法律文书、征收决定→法律文书或者征收决定等生效时发生效力；

非基于法律行为→继承→自继承开始时发生效力；

非基于法律行为→合法建造、拆除房屋→自事实行为成就时发生效力。

【考点 5】不动产物权登记制度

1. 变更登记（不涉及权利转移的变更）

不动产的分割、合并、设立和增减时所办理的登记。

2. 转移登记（不同主体之间发生转移）

不动产物权从转让人移转至受让人所办理的登记。

3. 更正登记

依申请、依职权。

4. 异议登记

不动产登记簿记载的权利人不同意更正的，利害关系人可以申请异议登记。登记机构予以异议登记，申请人自异议登记之日起 15 日内不提起诉讼的，异议登记失效。

5. 预告登记（未经预告登记的权利人同意，处分该不动产的，不发生物权效力）

预告登记后，债权消灭或者自能够进行不动产登记之日起 90 日内未申请登记的，预告登记失效。

【考点 6】动产物权变动

交付种类	简易交付	指示交付	占有改定
判断方式	买卖合同生效前"买受人"已占有动产	买卖合同生效前"第三人"占有动产	买卖合同生效后"出卖人"继续占有动产
涉及当事人	①出卖人；②买受人（占有人）	①出卖人；②买受人；③第三人（占有人）	①出卖人（占有人）；②买受人
动产转移时间	买卖合同生效	转让返还请求权合同生效	占有改定协议生效
占有与取得物权的顺序	占有在先物权在后	物权在先占有在后	物权在先占有在后

【考点 7】物权保护

物权请求权（主要包括返还原物请求权、排除妨害请求权、消除危险请求权、恢复原状请求权）。

【考点 8】善意取得制度

无处分权人将不动产或者动产转让给受让人的,所有权人有权追回;除法律另有规定外,符合下列情形的,受让人取得该不动产或者动产的所有权:

(1)受让人受让该不动产或者动产时是善意;

(2)以合理的价格转让(关注价格是否合理);

(3)转让的不动产或者动产依照法律规定应当登记的已经登记,不需要登记的已经交付给受让人。

【考点 9】拾得遗失物

(1)处理:及时通知或送公安机关。公安机关发布招领公告 1 年无人认领,归国家。支付必要费用,可不支付报酬(除非悬赏)。

(2)转让给第三人后的追及方式:

找拾得人→请求赔偿。

找受让人→私下交易取得:权利人无偿要求返还。

找受让人→公开交易取得:知道受让人起 2 年内,权利人可以付费要求返还。

【考点 10】共有

1. 类型

约定→家庭关系等为共同→按份共有。

2. 重大修缮或处分共有物、变更性质

按份共有(约定→份额 2/3 以上);共同共有(约定→一致同意)。

3. 处分份额

按份共有(可以转让);共同共有(不可以)。

4. 债权债务

按份共有(对外连带,对内按份);共同共有(对外连带,对内共同)。

5. 优先购买权行使期间

有通知→载明了行使期间→≥15 日→按通知载明的期间。

有通知→载明了行使期间→<15 日→15 日。

有通知→未载明行使期间→15 日。

未通知→知道最终确定的同等条件→知道或者应当知道最终确定的同等条件之日起 15 日。

未通知→不知道最终确定的同等条件→共有份额权属转移之日起 6 个月。

【考点11】添附

1. 添附

附合（例如，错用他人油漆粉刷桌子）、混合（例如，不同所有人的不同大米被倒入同一仓库，难以识别分离）、加工（例如，雕刻他人木材为木雕作品），其中附合既可能发生在动产上，也可能发生在不动产上；但混合和加工仅适用于动产。

2. 所有权的确定

有约定的从约定，没有约定或者约定不明确按照法律规定（充分发挥物的效用及保护无过错当事人）。

【考点12】物权公示原则

（1）登记生效主义→自登记时设立，包括：①建设用地使用权；②居住权；③不动产。

（2）登记对抗主义→合同生效时设立，包括：①土地承包经营权；②宅基地使用权；③地役权。

【考点13】土地承包经营权

（1）耕地→30年；草地→30~50年；林地→30~70年。

（2）土地承包经营权自土地承包经营权合同生效时设立。

（3）土地承包经营权互换、转让的，当事人可以向登记机构申请登记；未经登记，不得对抗善意第三人。

（4）流转期限为5年以上的土地经营权，自流转合同生效时设立。当事人可以向登记机构申请土地经营权登记；未经登记，不得对抗善意第三人。

【考点14】建设用地使用权

（1）居住用地→70年；商业、旅游、娱乐用地→40年；其他→50年。

（2）住宅建设用地使用权期限届满的，自动续期。

【考点15】担保合同无效

（1）机关法人提供担保的，人民法院应当认定担保合同无效。

（2）居民委员会、村民委员会提供担保的，人民法院应当认定担保合同无效。

（3）以公益为目的的非营利性学校、幼儿园、医疗机构、养老机构等提供担保的，人民法院应当认定担保合同无效。

（4）主合同有效→债权人有过错、担保人有过错→担保人承担的赔偿责任不应超过债务人不能清偿部分的1/2。

主合同无效→担保人有过错→担保人承担的赔偿责任不应超过债务人不能清偿部分的1/3。

【考点16】抵押财产范围

可以抵押的财产：海域使用权；正在建造的建筑物、船舶、航空器等。不转移占有。

不得抵押的财产：土地所有权；集体所有的土地使用权；公益机构的公益设施；所有权、使用权不明或者有争议的财产；被查封、扣押、监管的财产；规定不得抵押的其他财产。

【考点17】抵押权设立

（1）设立抵押权，当事人应当采取书面形式订立抵押合同。

（2）抵押权人在债务履行期限届满前，与抵押人约定债务人不履行到期债务时抵押财产归债权人所有的，只能依法就抵押财产优先受偿。

（3）抵押登记。

①登记生效：以建筑物和其他土地附着物、建设用地使用权、海域使用权、正在建造的建筑物设定抵押的，应当办理抵押登记，抵押权自登记时起设立。

②登记对抗：当事人以生产设备、原材料、半成品、产品、交通运输工具和正在建造的船舶、航空器抵押或其他动产设定抵押，抵押权自抵押合同生效时设立；抵押权未经登记，不得对抗善意第三人。

【考点18】抵押财产转让

（1）原则上：约定→可以转让（应当通知）。

（2）转让了怎么办？

①不动产抵押→抵押权不受影响。

②动产抵押→不得对抗正常经营活动中已经支付合理价款并取得抵押财产的买受人。

【Tanya提示】非正常经营活动：购买数量明显超过一般买受人；购买生产设备；目的在于担保出卖人或者第三人履行债务；买卖双方存在控制关系；该查询未查询的。

③动产抵押→非②→已登记→抵押权不受影响。

④动产抵押→非②→未登记→不得对抗善意第三人。

（3）约定禁止或限制转让抵押物。

转让合同→均有效。

约定禁止或限制转让抵押物未登记→善意第三人可主张转让有效。

约定禁止或限制转让抵押物已登记→不发生物权效力，但是因受让人代替债务人清偿债务导致抵押权消灭的除外。

【考点 19】抵押权的效力

（1）先出租后抵押：抵押权设立前，抵押财产已经出租并转移占有的，原租赁关系不受该抵押权的影响（抵押不破租赁）。

（2）先抵押后出租：

不动产→租赁关系不得对抗。

动产→已经登记→租赁关系不得对抗。

动产→未登记→承租人善意→租赁关系不受影响。

动产→未登记→承租人非善意→租赁关系不得对抗。

（3）同一财产向两个以上债权人设定抵押时的清偿顺序。

顺位：①已登记先于未登记；②均登记，看登记先后；③均未登记，按债权比例。

【考点 20】担保的并存

1. 人保 + 物保

被担保的债权既有物的担保又有人的担保的，债务人不履行到期债务或者发生当事人约定的实现担保物权的情形，债权人应当按照约定实现债权；没有约定或者约定不明确时，按下方规则处理。

（1）债务人自己提供物的担保的，债权人应当先就该物的担保实现债权。同一债权既有债务人自己提供的物的担保，又有第三人提供的担保，承担了担保责任或者赔偿责任的第三人，主张行使债权人对债务人享有的担保物权的，人民法院应予支持。

（2）第三人提供物的担保的，债权人可以就物的担保实现债权，也可以请求保证人承担保证责任。提供担保的第三人承担担保责任后，有权向债务人追偿。

2. 动产抵押权人的超级优先权

动产抵押担保的主债权是抵押物的价款，标的物交付后 10 日内办理抵押登记的，该抵押权人优先于抵押物买受人的其他担保物权人受偿，但是留置权人除外。

【考点 21】质权

质权的设定 [书面形式订立质押合同、动产质权交付设立、权利质押设立（票、券、单看交付；其他权利看登记）]。

【考点 22】留置权

（1）留置权人与债务人应当约定留置财产后的债务履行期限；没有约定或者约定不明确的，留置权人应当给债务人 60 日以上履行债务的期限，但是鲜活易腐等不易保管的动产除外。

【Tanya 提示】留置权 > 超级优先权 > 出质前已登记的抵押权 > 质权 > 未登记的抵押权。

（2）同一动产上已经设立抵押权或者质权，该动产又被留置的，留置权人优先受偿。

【考点 23】占有

分类标准	类型	含义
依有无占有的权源为标准	有权占有	基于法律上的原因占有
	无权占有	欠缺法律上原因的占有（因侵权行为占有他人之物）
依无权占有人是否知其无占有的权源为标准（无权占有的再分类）	善意占有	占有人不知无占有的权源，误信有正当权源且无怀疑地占有
	恶意占有	占有人明知无占有的权源，或虽怀疑是否有权源而仍占有
依占有人是否具有所有的意思为标准	自主占有	以所有的意思为占有。如买受人对标的物的占有。如盗贼对盗赃的占有 【Tanya 提示】先占的构成以自主占有为要件
	他主占有	不以所有的意思为占有。如借用人对借用物的占有
依占有人在事实上是否直接占有其物为标准	直接占有	占有人事实上占有其物。如质权人对质物的占有、保管人对保管物的占有
	间接占有	基于一定法律关系而对事实上占有其物之人有返还请求权的占有。如出质人对质物的占有、寄托人对保管物的占有

第六章 合同法 06

【考点1】《中华人民共和国民法典·合同编》的调整范围

（1）不平等主体之间的协议以及劳动合同关系不适用《中华人民共和国民法典·合同编》。

（2）婚姻、收养、监护等有关身份关系的协议：一般适用该身份关系的法律规定；没有规定的，参照《中华人民共和国民法典·合同编》。

【考点2】合同分类

（1）是否尚需交付标的物才能成立：诺成（买卖合同、租赁合同）、实践（定金合同、自然人之间的借款合同）。

（2）双方是否互负给付义务：双务（买卖合同、租赁合同、融资租赁合同、承揽合同）、单务（赠与合同、无偿保管合同）。

（3）合同相互间的主从关系：主合同（借款合同）、从合同（保证合同）。

（4）合同的订立是否以订立另一合同为内容：预约合同、本约合同。

【考点3】要约

（1）要约邀请（希望他人向自己发出要约的表示）：拍卖公告、招标公告、招股说明书、债券募集办法、基金招募说明书、商业广告和宣传、寄送的价目表（商业广告和宣传的内容符合要约条件的，构成要约）。

（2）要约的生效 [对话方式→知道、非对话方式（其他）→到达、非对话方式（数据）→进入系统，另有约定的按约定]。

（3）要约的撤回和撤销（承诺只能撤回，不能撤销）。

要约撤回：要约生效之前，允许撤回。

要约撤销：生效之后，受要约人发出承诺之前（确定承诺期限、明示不得撤销、有理由相信+准备，不得撤销）。

（4）要约失效。

①要约被拒绝；②要约被依法撤销；③承诺期限届满，受要约人未作出承诺；④受要约人对要约的内容作出实质性变更（实质性变更：合同标的、数量、质量、价款或报酬、履行期限、履行地点和方式、违约责任和解决争议方法等的变更）。

【考点4】承诺

1. 承诺期限

（1）承诺期限的起算（信件载明→载明、信件未载明→邮戳、电话传真→到达）。

（2）承诺的迟延（超过承诺期限发出、主观）与迟到（承诺期内发出、客观）。

（3）承诺生效（对话→知道、非对话→到达）。

2. 承诺内容

受要约人对要约的内容作出实质性变更的，视为新要约。

【考点5】合同成立的时间和地点以及约定不明的处理

（1）合同成立的时间（承诺时、均签名或盖章或按指印、实际履行原则）。

（2）合同成立的地点（最后签名、盖章或者按指印的地点为合同成立的地点，但另有约定的除外）。

（3）合同约定不明的处理（总原则→协议补充→条款习惯→具体原则）。

履行方式不明确→有利于实现合同目的的方式；价款报酬不明确→订立合同时履行地的市场价格；履行地点不明确→给付货币（接受货币一方所在地）、交付不动产（不动产所在地）、其他标的（履行义务一方所在地）。

【考点6】免责条款

人身伤害、故意或者重大过失造成财产损失的不免责。

【考点7】格式条款

（1）理解有争议，按通常解释；对格式条款有两种以上解释的，应当作出"不利于提供格式条款一方"的解释。

（2）格式条款和非格式条款不一致的，应当采用"非格式条款"。

【考点8】缔约过失责任和违约责任

（1）缔约过失责任是指当事人在订立合同过程中，因故意或过失致使合同未成立、未生效、被撤销或无效，给他人造成损失应承担的损害赔偿责任。

（2）缔约过失责任与违约责任不同，违约责任产生于合同生效之后，适用于生效合同；缔约过失责任则发生在合同成立之前，适用于合同未成立、未生效、无效等情况。

【考点9】涉及第三人的合同履行

（1）向第三人履行中，真正的利他合同与不真正的利他合同的区别：

真正的利他合同→第三人可以请求债务人承担违约责任，突破了合同的相对性规则。

不真正的利他合同→当债务人未向第三人履行债务的，应当向债权人承担违约责任，严格遵守合同的相对性规则。

（2）由第三人履行和第三人代为履行的区别：

由第三人履行的合同→合同明确约定第三人具有履行义务（债务人未退出原合同关系）。

第三人代为履行的合同→合同中未约定第三人具有履行义务，当债务人不履行债务＋第三人对履行该债务具有合法利益关系时，第三人有权直接代为履行，并不需要经过债务人同意，债权人也不得拒绝。

【考点10】债务转移（债务人退出原合同关系）和债务加入

类型	债务转移	债务加入
原债务人	不承担（免责）	依旧承担
生效方式	征求债权人同意	通知债权人

【考点11】双务合同履行中的抗辩权（同一双务合同）

（1）同时履行抗辩权（没有先后履行顺序）。

（2）后履行抗辩权（有先后履行顺序）。

（3）不安抗辩权。

应当先履行债务的当事人，有确切证据证明对方有下列情形之一的，可以中止履行：

①经营状况严重恶化。

②转移财产、抽逃资金，以逃避债务。

③丧失商业信誉。

④有丧失或者可能丧失履行债务能力的其他情形。

（先中止→及时通知对方→对方在合理期限内未恢复履行能力且未提供适当担保的→解除合同）

【考点 12】代位权和撤销权

1. 代位权

债权人代位权	情形	因债务人怠于行使其债权或者与该债权有关的从权利，影响债权人的到期债权实现的，债权人可以向人民法院请求以自己的名义代位行使债务人对相对人的权利，但是该权利专属于债务人自身的除外
	怠于行使	债务人不以诉讼方式或者仲裁方式向其债务人主张其享有的到期债权
	专属于债务人自身的债权	基于扶养关系、抚养关系、赡养关系、继承关系产生的给付请求权和劳动报酬、退休金、养老金、抚恤金、安置费、人寿保险、人身伤害赔偿请求权等权利
	行使范围	以债权人的到期债权为限
	诉讼费用	在代位权诉讼中，债权人胜诉的，诉讼费由次债务人负担，从实现的债权中优先支付
	费用负担	债权人行使代位权的其他必要费用，由债务人负担
代位保存权		债权人的债权到期前，债务人的债权或者与该债权有关的从权利存在诉讼时效期间即将届满或者未及时申报破产债权等情形，影响债权人的债权实现的，债权人可以代位向债务人的相对人请求其向债务人履行、向破产管理人申报或者作出其他必要的行为（诉讼、非诉两种方式均可行使）

2. 撤销权

可撤销情形	债务人以放弃其债权、放弃债权担保、无偿转让财产等方式无偿处分财产权益，或者恶意延长其到期债权的履行期限，影响债权人的债权实现的，债权人可以请求人民法院撤销债务人的行为（不以相对人恶意为要件）
	债务人以明显不合理的低价转让财产、以明显不合理的高价受让他人财产或者为他人的债务提供担保，影响债权人的债权实现，债务人的相对人知道或者应当知道该情形的，债权人可以请求人民法院撤销债务人的行为（以相对人恶意为要件）
行使范围	以债权人的债权为限
费用负担	债权人行使撤销权所支付的律师费、差旅费等必要费用，由债务人负担
行使期限	债权人知道或者应当知道撤销事由之日起1年内行使。自债务人的行为发生之日起5年内没有行使撤销权的，该撤销权消灭
诉讼地位	原告→债权人；被告→债务人
管辖法院	被告住所地人民法院

【考点 13】保证合同

（1）性质：单务合同、无偿合同、诺成合同、要式合同、从合同。

（2）保证和债务加入：难以确定的，将其认定为保证。

（3）保证人：机关法人、居民委员会、村民委员会、公益组织不得为保证人。

（4）保证的范围：约定→全部（包括主债权及其利息、违约金、损害赔偿金和实现债权的费用）。

（5）保证方式：没有约定或者约定不明确，承担一般保证。

　　一般保证：有先诉抗辩权。

（6）共同担保（人保＋物保）：有约定按约定，没有约定看物保是谁提供的。

　　①主债务人提供：先物后人。

　　②第三人提供：或物或人，追偿只能找债务人。

（7）保证期间。

　　①起点：主债务履行期届满之日（约定不明，等宽限期满）。

　　②保证合同的保证期间由双方协商确定，但是约定的保证期间早于主债务履行期限或者与主债务履行期限同时届满的，视为没有约定；没有约定或者约定不明确的，保证期间为主债务履行期限届满之日起 6 个月。

（8）债权人对保证人的诉讼时效：

　　一般保证：从"保证人拒绝承担保证责任的权利消灭之日"起算。

　　连带保证：从"债权人要求保证人承担保证责任之日"起算。

【考点 14】债权转让

（1）无须债务人同意，通知到达对债务人生效。

（2）禁止债权转让的情形：委托合同中委托人的债权；扶养请求权、抚恤金请求权；竞业禁止。

（3）当事人约定非金钱债权不得转让的，不得对抗善意第三人。

　　当事人约定金钱债权不得转让的，不得对抗第三人。

【考点 15】抵销

（1）法定抵销的条件：要求种类、品质相同；主动提出抵销的一方享有的债权已到期；抵销不得附条件或者附期限。

（2）不可抵销的情形：

　　①按合同性质不能抵销（不作为债务、提供劳务的债务、与人身不可分离的债务）。

②法律规定不得抵销。如按约定应当向第三人给付的债务，禁止强制执行的债务，故意实施侵权行为产生的债务。

③约定不得抵销的。

（3）通知自到达对方时生效。

【考点 16】提存

（1）情形：债权人无正当理由拒绝受领；债权人下落不明；债权人死亡未确定继承人或者丧失民事行为能力未确定监护人。

（2）标的物提存后，毁损、灭失的风险、提存费用、孳息由债权人承担。

（3）标的物归属：

①债权人未在提存之日起 5 年内领取，提存物归国家所有。

②债权人未履行到期债务，或书面表示放弃领取提存物的权利，债务人有权取回提存物。

【考点 17】合同解除

（1）法定解除：

①因不可抗力致使不能实现合同目的；

②在履行期限届满前，当事人一方明确表示或者以自己的行为表明不履行主要债务；

③当事人一方迟延履行主要债务，经催告后在合理期限内仍未履行；

④当事人一方迟延履行债务或者有其他违约行为致使不能实现合同目的。

（2）自解除权人知道或者应当知道解除事由之日起 1 年内不行使，或者经对方催告后在合理期限内不行使的，该权利消灭。

【考点 18】违约责任

增违不可赔、定违不同时、定赔不超损。

【考点 19】定金

（1）定金合同：实践性合同，从实际交付定金时成立。

（2）交钱一方不履行，不退；收钱一方不履行，双倍返还。

（3）不可抗力、意外事件不适用定金罚则，其他情况都适用。

（4）主合同标的 20% 以内有效，超过 20% 部分无效。

【考点 20】买卖合同

1. 交付地点

约定→协议补充→按合同条款交易习惯。

2. 一物多卖

（1）普通动产：先交付＞先付款＞先成立合同。

（2）特殊动产：先交付＞先登记＞先成立合同。

3. 标的物的风险

交付时转移（没有约定交付地点，需要运输时，风险在交付给第一承运人后转移）。

4. 检验

（1）约定检验期限：超期未通知，视为合格；

（2）没有约定检验期限：质保期→收到之日起 2 年。

5. 分期付款的解除

未支付到期价款的金额达到 1/5 的，可以要求买受人支付全部价款或解除合同（可要求使用费）。

6. 所有权保留

当事人可以约定，买受人未履行支付价款的义务，标的物的所有权属于出卖人。

7. 试用买卖合同

使用费：没有约定或者约定不明确的，出卖人无权请求买受人支付。

8. 商品房买卖合同

（1）广告视为要约的条件：开发规划范围内的房屋及设施＋说明和许诺具体确定＋对合同订立及房屋价格的确定有重大影响；

（2）解除：主体结构质量不合格；质量问题严重影响居住；延迟交房或支付购房款，催告后 3 个月未履行。

【考点 21】赠与合同

1. 任意撤销

财产权利转移之前可以撤销赠与，具有救灾、扶贫等社会公益性质或经过公证的不得撤销。

2. 法定撤销

赠与人（严重侵害赠与人及其亲属；有扶养义务而不履行；不履行约定义务，知道起 1 年内）。

赠与人继承人、法定代理人（致使赠与人死亡或丧失行为能力，知道起 6 个月内）。

3. 赠与人的责任

（1）赠与的财产有瑕疵的，赠与人不承担责任。

（2）赠与人故意不告知或保证无瑕疵的，造成受赠人损失应当承担损害赔偿责任。

4. 赠与合同属于单务、无偿、诺成合同

【考点 22】借款合同

违反借款用途措施	①停止发放借款；②提前收回借款；③解除合同		
利息	预先扣除	不得预先在本金中扣除，按照实际借款数额返还借款并计算利息	
	支付期限	约定→补充→不满1年，还本时支付；满1年的，每满1年时支付	
民间借贷的利息	自然人之间	没有约定或约定不明的	不支付利息
	非自然人之间	没有约定	不支付利息
		约定不明的	法院确定利率、利息
民间借贷的利率	借款期利率	约定，但约定利率应不大于合同成立时一年期贷款市场报价利率的四倍	
逾期利率	约定，但约定利率应不大于合同成立时一年期贷款市场报价利率的四倍		
	未约定或约定不明	借款期未约定	参照当时一年期贷款市场利率
		约定借款期利率	按借款期利率支付资金占用期间利息
逾期利率与违约金	①二选一；②一并主张，但总计应不大于合同成立时一年期贷款市场报价利率的四倍		

【考点 23】租赁合同

1. 期限

不得超过 20 年，超过部分无效。

2. 不定期租赁

（1）情形：①6 个月以上未采用书面形式，且无法确定租赁期限；②对租赁期限没有约定，按《中华人民共和国民法典》仍不能确定；③租赁期届满，承租人继续使用，出租人没有提出异议。

（2）结果：双方均可随时解除。

3. 维修义务

出租人应当履行租赁物的维修义务，但另有约定或因承租人过错致使的除外。因维修影响承租人使用的，应当相应减少租金或者延长租期。

4. 转租

（1）未经出租人同意：出租人可以解除合同。

（2）经出租人同意（6个月内未提出异议，视为同意）：租赁合同继续有效，第三人对租赁物造成损失的，承租人承担违约责任。

5. 未经出租人同意，可以要求承租人恢复原状或者赔偿损失

6. 买卖不破租赁

在承租人占有期限内发生所有权变动，不影响租赁合同的效力。

7. 房屋租赁合同

（1）合同效力。

①出租未取得规划许可证的房屋、未经批准建设的临时建筑→租赁合同无效；②租赁期超过临时建筑使用期限→超过部分无效；③未办理登记备案手续→合同有效。

（2）一房数租，按照下列顺序确定履行合同的承租人：①已经合法占有租赁房屋的；②已经办理登记备案手续的；③合同成立在先的。

（3）承租人优先权：只针对房屋。

①出卖租赁房屋前，通知承租人，承租人享有同等条件下优先购买权。

②期限：承租人15日内未明确表示，视为放弃；拍卖5日前通知承租人，承租人未参加，视为放弃。

③后果：侵害承租人优先购买权，承租人可以请求出租人赔偿，无法主张买卖合同无效。

④排除事项：按份共有人行使优先购买权；出租人将房屋出卖给近亲属（上两代、下两代、左配偶、右兄弟姐妹）。

【考点24】融资租赁合同

（1）合同的效力：

①出租人未取得行政许可不影响融资租赁合同效力。

②当事人以虚构租赁物方式订立的融资租赁合同无效。

（2）维修义务：承租人应当履行维修义务。

（3）风险：租赁物毁损、灭失的，出租人有权请求承租人继续支付租金。

（4）租赁物不符合约定，出租人不承担责任，但如果承租人依赖出租人的技能使租赁物符合约定，出租人承担责任。

（5）租赁物造成第三人的人身伤害或者财产损害的，出租人不承担责任。

（6）租赁物归属：

①租赁期间：出租人对租赁物享有的所有权，未经登记，不得对抗善意第三人。

②租赁期限届满：约定租赁物归属→依照《中华人民共和国民法典》仍不能确定，归出租人。

③仅需向出租人支付象征性价款的，视为所有权归承租人。

第七章 票据法 07

【考点1】票据行为的成立与生效

（1）票据金额、日期、收款人名称不得更改，更改的票据无效。

（2）签章无效：

①出票人在票据上的签章不符合规定的，票据无效；

②背书人、承兑人、保证人在票据上的签章不符合规定的，其签章无效，但是不影响票据上其他签章的效力。

（3）票据金额以中文大写和数码同时记载，二者必须一致，二者不一致的，票据无效。

【考点2】票据权利

（1）票据权利包括付款请求权、追索权。

（2）票据权利取得：

①出票取得；

②转让取得；

③通过税收、继承、赠与、企业合并等方式取得票据。

【考点3】票据伪造与变造

项目	票据伪造	票据变造
表现形式	伪造签章	变更签章以外的其他事项（如票据金额、付款日期等）
承担责任	①持票人即使是善意取得；对被伪造人也不能行使票据权利；②由于伪造人没有以自己的名义在票据上签章，因此不承担票据责任。但是，如果伪造人的行为给他人造成损失的，应承担民事责任；构成犯罪的，还应承担刑事责任	如果当事人的签章在变造之前，应当按照原记载的内容负责；如果当事人的签章在变造之后，则应当按照变造后的记载内容负责。如果无法辨别签章发生在变造之前还是之后，视同在变造之前签章

【考点4】票据基本当事人和票据债务人

（1）基本当事人：出票人、付款人和收款人。

（2）非基本当事人：承兑人、背书人、被背书人、保证人。

（3）票据主债务人：汇票承兑人、本票出票人。

（4）票据关系人：未经承兑的汇票的付款人、支票的付款人（未签章）。

【考点5】票据时间总结

票据种类		提示付款	提示承兑	向一般前手追索权	向出票人、承兑人行使权利
商业汇票	即付	出票日起1个月	—	追索权：自被拒绝付款或被拒绝承兑日起6个月	自出票日起2年
	定日付款	到期日起10日	到期日前		自到期日起2年
	出票后定期付款			再追索权：自清偿或被提起诉讼之日起3个月	
	见票后定期付款		出票日起1个月		
银行汇票		出票日起1个月	—	追索权：自被拒绝付款或被拒绝承兑日起6个月	自出票日起2年
银行本票		出票日起2个月			
支票		出票日起10日		再追索权：自清偿或被提起诉讼之日起3个月	自出票日起6个月

【Tanya提示】商业汇票付款期限不超过6个月。

【考点6】记载事项

1. 绝对记载事项

本无付、支无收、汇票有收和付；日期方面只记载出票日期，一定不能有地点。

2. 相对记载事项

付款日期：见票即付；出票地、付款地。

【考点7】票据救济（挂失止付、公示催告）

1. 挂失止付（并不是公示催告程序必需的前置性程序，自第13日起，挂失止付通知书失效）

已承兑的商业汇票、支票、填明"现金"字样和代理付款人的银行汇票以及填明"现金"字样的银行本票可以申请挂失止付。

2. 公示催告

（1）填明"现金"字样的银行汇票、银行本票和用于支取现金的支票不得背书转让，不能申请公示催告。

（2）公示催告的期间，由人民法院根据情况决定，但不得少于60日，且公示催告期间届满日不得早于票据付款日后15日。

【考点8】票据抗辩

（1）对物抗辩：票据本身存在问题。

（2）对人抗辩：票据债务人可以对不履行约定义务的，与自己有直接债权债务关系的持票人，进行抗辩。

（3）票据债务人不得以自己与出票人或者与持票人的前手之间的抗辩事由，对抗持票人。

（4）因税收、继承、赠与等依法无偿取得票据的，不受给付对价的限制。但是，所享有的票据权利不得优于其前手的权利。

【考点9】票据背书

（1）背书未记载日期的，视为在汇票到期日前背书。

（2）持票人在票据被背书人栏内记载自己的名称与背书人记载具有同等法律效力。

（3）背书不得附有条件。背书时附有条件的，所附条件不具有汇票上的效力。

（4）部分背书、分别背书无效。

（5）背书人在汇票上记载"不得转让"字样，其后手再背书转让的，原背书人对后手的被背书人不承担保证责任，但不影响出票人、承兑人以及原背书人之前手的票据责任。

（6）出票人记载"不得转让"字样，票据不得背书转让。

（7）汇票被拒绝承兑、被拒绝付款或者超过付款提示期限的，不得背书转让；背书转让的，背书人应当承担汇票责任，受让人有权向该背书人行使追索权。

【考点 10】票据承兑

1. 承兑的记载事项

付款人承兑汇票的,应当在汇票正面记载"承兑"字样和承兑日期并签章;见票后定期付款的汇票,应当在承兑时记载付款日期。

【Tanya 提示】汇票上未记载承兑日期的,以持票人提示承兑之日起的第 3 日,即付款人 3 天承兑期的最后一日为承兑日期。

2. 提示承兑

因汇票付款日期的形式不同,提示承兑的期限亦不一样:

(1)定日付款或者出票后定期付款的汇票,持票人应当在汇票到期日前向付款人提示承兑。

(2)见票后定期付款的汇票,持票人应当自出票日起 1 个月内向付款人提示承兑。汇票未按照规定期限提示承兑的,持票人丧失对其前手的追索权。

(3)见票即付的汇票无须提示承兑。

3. 承兑成立

付款人对向其提示承兑的汇票,应当自收到提示承兑的汇票之日起 3 日内承兑或者拒绝承兑。

付款人收到持票人提示承兑的汇票时,应当向持票人签发收到汇票的回单。回单上应当记明汇票提示承兑日期并签章。

【Tanya 提示】付款人承兑汇票,不得附有条件;承兑附有条件的,视为拒绝承兑。

【考点 11】保证

(1)相对记载事项:

①被保证人的名称:未记载的,已承兑,承兑人为被保证人;未承兑,出票人为被保证人。

②保证日期:未记载的,出票日期为保证日期。

(2)保证附条件,条件无效,保证有效。

(3)保证人未在票据或者粘单上记载"保证"字样而另行签订保证合同或者保证条款的,不属于票据保证,人民法院应当适用民事法律制度的有关规定。

【考点 12】追索权

(1)到期追索(汇票到期被拒绝付款)。

(2)到期前追索的情况:

①被拒绝承兑;

②承兑人或付款人死亡、逃匿;

③承兑人或付款人宣告破产、被责令关闭。

（3）追索金额和费用包括汇票金额、利息、费用。

（4）追索对象包括出票人、背书人、承兑人和保证人。

【考点 13】本票

（1）在我国，本票仅限于银行本票。本票为自付证券，适用于同一票据交换区域。

（2）本票自出票日起，付款期限最长不得超过 2 个月。

【考点 14】支票

（1）签发支票具备条件：①开立账户；②存入足够支付的款项；③预留印鉴。

（2）支票绝对记载事项：表明"支票"的字样；无条件支付的委托；确定的金额（可授权补记）；付款人名称；出票日期；出票人签章。

（3）授权补记事项：支票金额、收款人名称。

（4）禁止签发空头支票。

（5）支票限于见票即付，不得另行记载付款日期。另行记载付款日期的，该记载无效。

（6）支票的持票人应当自出票日起 10 日内提示付款。

第八章 保险法 08

【考点1】保险合同概述

（1）特征：双务有偿合同、射幸合同、诺成合同、格式合同和最大诚信合同。

（2）分类：

①根据保险合同中的保险价值是否先予确定：定值保险合同和不定值保险合同。

②根据保险价值与保险金额的关系：足额保险合同、不足额保险合同、超额保险合同。

③根据保险标的不同：人身保险合同、财产保险合同。

④根据保险人承担的危险状况不同：特定危险保险合同、一切险保险合同。

⑤根据保险合同的性质：补偿性保险合同、给付性保险合同。

【考点2】保险法基本原则

（1）最大诚信原则；

（2）保险利益原则；

（3）损失补偿原则；

（4）近因原则。

【考点3】保险利益原则

1. 人身保险

人身保险的投保人在保险合同订立时，对被保险人应当具有保险利益。

【Tanya提示】订立合同时，投保人对被保险人不具有保险利益的，合同无效。保险合同订立后，因投保人丧失对被保险人的保险利益，当事人主张保险合同无效的，人民法院不予支持。

投保人对下列人员具有保险利益：

（1）本人；

（2）配偶、子女、父母；

（3）前项以外与投保人有抚养、赡养或者扶养关系的家庭其他成员、近亲属；

（4）与投保人有劳动关系的劳动者；

（5）被保险人同意投保人为其订立合同的，视为投保人对被保险人具有保险利益。

2. 财产保险

财产保险的被保险人在保险事故发生时，对保险标的应当具有保险利益。保险事故发生时，被保险人对保险标的不具有保险利益的，不得向保险人请求赔偿保险金。

财产保险中保险利益形式：现有利益、期待利益、责任利益。

【考点4】如实告知义务

保险人解除权

（1）投保人故意或者因重大过失未履行如实告知义务，足以影响保险人决定是否同意承保或者提高保险费率的，保险人有权解除合同。

故意→不赔不退；重大过失→不赔但退。

（2）上述合同解除权，自保险人知道有解除事由之日起，超过30日不行使而消灭。自合同成立之日起超过2年的，保险人不得解除合同。

【考点5】受益人

（1）受益人仅约定为身份关系，投保人与被保险人为同一主体的，根据保险事故发生时与被保险人的身份关系确定受益人；投保人与被保险人为不同主体的，根据保险合同成立时与被保险人的身份关系确定受益人。

（2）受益人的约定包括姓名和身份关系，保险事故发生时身份关系发生变化的，认定为未指定受益人。

（3）投保人指定受益人时须经被保险人同意；投保人指定受益人未经被保险人同意的，人民法院应认定指定行为无效。

【考点6】保险标的转让

承继权利义务	保险标的转让的，保险标的的受让人承继被保险人的权利和义务
	保险标的已交付受让人，但尚未依法办理所有权变更登记，承担保险标的毁损灭失风险的受让人，依照《中华人民共和国保险法》的规定主张行使被保险人权利的，人民法院应予支持
及时通知	保险标的转让的，被保险人或者受让人应当及时通知保险人，但货物运输保险合同和另有约定的合同除外
	被保险人、受让人依法及时向保险人发出保险标的转让通知后，保险人作出答复前，发生保险事故，被保险人或者受让人主张保险人按照保险合同承担赔偿保险金的责任的，人民法院应予支持

续表

转让导致危险程度显著增加	及时通知	因保险标的转让导致危险程度显著增加的，保险人自收到规定的通知之日起30日内，可以按照合同约定增加保险费或者解除合同
	未能通知	被保险人、受让人未履行规定的通知义务的，因转让导致保险标的危险程度显著增加而发生的保险事故，保险人不承担赔偿保险金的责任

【考点7】财产保险合同

危险程度显著增加	及时通知	在合同有效期内，保险标的的危险程度显著增加的，被保险人应当按照合同约定及时通知保险人，保险人可以按照合同约定增加保险费或者解除合同
	未能通知	被保险人未履行规定的通知义务的，因保险标的的危险程度显著增加而发生的保险事故，保险人不承担赔偿保险金的责任
重复保险分摊制度		重复保险的各保险人赔偿保险金的总和不得超过保险价值。除合同另有约定外，各保险人按照其保险金额与保险金额总和的比例承担赔偿保险金的责任
及时施救		保险事故发生后，被保险人为防止或者减少保险标的的损失所支付的必要的、合理的费用，由保险人承担；保险人所承担的费用数额在保险标的损失赔偿金额以外另行计算，最高不超过保险金额的数额
物上代位		保险事故发生后，保险人已支付了全部保险金额，并且保险金额等于保险价值的，受损保险标的的全部权利归于保险人；保险金额低于保险价值的，保险人按照保险金额与保险价值的比例取得受损保险标的的部分权利

【考点8】代位求偿制度

代位求偿		因第三者对保险标的的损害而造成保险事故的，保险人自向被保险人赔偿保险金之日起，在赔偿金额范围内代位行使被保险人对第三者请求赔偿的权利
名义		保险人应以自己的名义行使保险代位求偿权
被保险人放弃权利	赔偿前	保险事故发生后，保险人未赔偿保险金之前，被保险人放弃对第三者请求赔偿的权利的，保险人不承担赔偿保险金的责任
	赔偿后	保险人向被保险人赔偿保险金后，被保险人未经保险人同意放弃对第三者请求赔偿的权利的，该行为无效
家庭成员		除被保险人的家庭成员或者其组成人员故意造成保险事故外，保险人不得对被保险人的家庭成员或者其组成人员行使代位请求赔偿的权利（被保险人家庭成员或组成人员故意→有代位求偿权）

【考点9】保险公司

终止：解散、被依法宣告破产、被撤销。

保险人不得兼营人身保险业务和财产保险业务。但是，经营财产保险业务的保险公司经批准，可以经营短期健康保险业务和意外伤害保险业务。

【考点10】保险中介人

（1）保险代理人：保险人的代理人；以保险人的名义；法律后果由保险人承担；单位或个人都可以担任。

（2）保险经纪人：代表投保人的利益；以自己的名义；法律后果自行承担；只能是单位，不能是个人。

（3）保险公估人：不代表任何一方利益，处于中立地位。

第九章 信托法

【考点 1】基本概念

1. 信托的制度功能

（1）转移财产；

（2）管理财产；

（3）融资功能；

（4）协调经济关系功能。

2. 信托的分类

（1）按照信托事务性质分为：民事信托，如家族信托；商事信托，如公司资金运用信托。

（2）按照受益人与委托人关系分为：自益信托；他益信托。

（3）按照委托人人数的不同分为：单独信托；集合信托。

（4）按照信托成立原因分为：意定信托；法定信托。

【考点 2】信托的无效

（1）信托目的违反法律、行政法规或者损害社会公共利益；

（2）信托财产不能确定；

（3）委托人以非法财产或者法律规定不得设立信托的财产设立信托；

（4）专以诉讼或者讨债为目的设立信托；

（5）受益人或者受益人范围不能确定。

【考点 3】信托财产的范围

（1）受托人因承诺信托而取得的财产；

（2）受托人因信托财产的管理运用而取得的财产；

（3）受托人因信托财产的处分而取得的财产；

（4）受托人因其他情形而取得的财产。

【Tanya 提示 1】可以成为信托财产：

具有财产价值的东西，只要满足了可转让性、确定性与合法所有性要求，不论其采取何种存在形式，原则上均可以作为信托财产，如金钱、有价证券、知识产权等。

【Tanya 提示 2】不能成为信托财产：

（1）商誉、经营控制权（不确定）；

（2）姓名权、名誉权、身份权等（不可转让且无法计量）。

【考点 4】委托人的权利与义务

委托人的撤销权，自委托人知道或者应当知道撤销原因之日起 1 年内不行使的，归于消灭。

【考点 5】受益人

受益人	委托人	可以是受益人，且可以是同一信托的唯一受益人
	受托人	可以是受益人，但不得是同一信托的唯一受益人
受益权	受益人自信托生效之日起享有信托受益权。信托文件另有规定的，从其规定	

第十章 预算法

【考点1】预算收支范围

预算范围	具体内容
一般公共预算	包括一般公共预算收入和一般公共预算支出
政府性基金预算	举例：民航发展基金、国家重大水利建设基金、国有土地使用权出让金等
国有资本经营预算	国有资本经营预算应当按照收支平衡的原则编制，不列赤字，并安排资金调入一般公共预算
社会保险基金预算	社会保险基金预算应当按照统筹层次和社会保险项目分别编制，做到收支平衡

【考点2】一般公共预算

1. 一般公共预算收入

税收收入（最主要，18个税种，关税和船舶吨税由海关征收，进口环节的增值税、消费税由海关代税务部门征收）、行政事业性收费收入、国有资源（资产）有偿使用收入、转移性收入、其他收入。

2. 一般公共预算支出

功能分类、经济性质分类（工资福利支出、商品和服务支出、资本性支出和其他支出）。

【考点3】预算编制

（1）预算年度自公历1月1日至12月31日。

（2）举借的债务应当有偿还计划和稳定的偿还资金来源，只能用于公益性资本支出，不得用于经常性支出。

（3）各级一般公共预算应当按照本级一般公共预算支出额的1%~3%设置预备费。

（4）预算周转金的额度不得超过本级一般公共预算支出总额的1%。

【考点4】预算执行

预算空白期的支出安排	预算年度开始后,各级预算草案在本级人民代表大会批准前,可以安排下列支出: ①上一年度结转的支出; ②参照上一年同期的预算支出数额安排必须支付的本年度部门基本支出、项目支出,以及对下级政府的转移性支出; ③法律规定必须履行支付义务的支出,以及用于自然灾害等突发事件处理的支出
收付实现制	各级预算的收入和支出实施收付实现制
超收收入	各级一般公共预算年度执行中有超收收入的,只能用于冲减赤字或者补充预算稳定调节基金
结余资金	各级一般公共预算的结余资金,应该补充预算稳定调节基金

【考点5】预算调整

预算调整的情形

(1)需要增加或者减少预算总支出的;

(2)需要调入预算稳定调节基金的;

(3)需要调减预算安排的重点支出数额的;

(4)需要增加举借债务数额的。

【Tanya提示】在预算执行中,地方各级政府因上级政府增加不需要本级政府提供配套资金的专项转移支付而引起的预算支出变化,不属于预算调整。

【考点6】预算的批准

级别	预算草案的批准	预算调整方案的批准	决算草案的批准
中央	全国人大	全国人大常委会	全国人大常委会
县级以上	本级人大	本级人大常委会	本级人大常委会
乡、镇	本级人大	本级人大	本级人大

第十一章 国有资产管理法

【考点1】企业国有资产监督管理体制

(1) 企业国有资产属于国家所有,国务院代表国家行使企业国有资产所有权(企业国有资产是指国家对企业各种形式的出资所形成的权益)。

(2) 履行出资人职责:重要、命脉(国务院);其他(地方人民政府)。

(3) 依法履行出资人职责基本原则(政企分开、职能分开、不干预企业自主经营)。

【考点2】国家出资企业及管理者选择

1. 范围

国有独资企业、国有独资公司、国有资本控股公司、国有资本参股公司。

2. 任免情况

(1) 国有独资企业:任免经理、副经理、财务负责人和其他高级管理人员。

(2) 国有独资公司:任免董事长、副董事长、董事、监事会主席和监事。

(3) 国有资本控股公司、参股公司:向股东会、股东大会提出董事、监事人选。

【考点3】关联交易

绝对禁止:国有独资企业、国有独资公司、国有资本控股公司不得无偿向关联方提供资金、商品、服务或者其他资产,不得以不公平的价格与关联方进行交易。

【考点4】行政事业性国有资产

行政单位:除法律另有规定外,不得以任何形式将国有资产用于对外投资、设立营利性组织。

事业单位:经可行性研究和集体决策,按照规定权限和程序对外投资。

第十二章 政府采购法

【考点1】采购人

依法进行政府采购的国家机关、事业单位、团体组织，不包括国有企业。

【考点2】联合体

应当按照资质等级较低的供应商确定资质等级；联合协议；连带责任。

【考点3】政府采购方式

（1）政府采购方式包括公开招标（主要采购方式）、邀请招标、竞争性谈判、单一来源采购、询价。

（2）公开招标：符合国家强制性标准、不得单独或者分别组织只有1个投标人参加的现场考察。

（3）邀请招标：①具有特殊性，只能从有限范围的供应商处采购；②采用公开招标方式的费用占政府采购项目总价值的比例过大。

要求：

①资格预审公告的期限不得少于7个工作日；投标人应当在资格预审公告期结束之日起3个工作日前，按公告要求提交资格证明文件。

②招标采购单位从评审合格投标人中通过随机方式选择3家以上的投标人，并向其发出投标邀请书。

（4）竞争性谈判：采购人或采购代理机构根据采购需求直接要求3家以上的供应商就采购事宜与供应商分别进行一对一的谈判，最后通过谈判结果来选择供应商的一种采购方式。

（5）单一来源采购的情形：

①只能从唯一供应商处采购的；

②发生了不可预见的紧急情况不能从其他供应商处采购的；

③必须保证原有采购项目一致性或者服务配套的要求，需要继续从原供应商处添购，且添购资金总额不超过原合同采购金额10%的。

（6）询价：采购的货物规格、标准统一、现货货源充足且价格变化幅度小的政府采购项目，可以依法采用询价方式采购。

【考点 4】政府采购程序

（1）投标保证金：2%，非现金形式（支票、汇票、本票或者金融机构、担保机构出具的保函）。

（2）文件至少保存 15 年。

（3）谈判小组由采购人的代表和有关专家共 3 人以上的单数组成，其中专家的人数不得少于成员总数的 2/3。

（4）履约保证金：10%，非现金形式（支票、汇票、本票或者金融机构、担保机构出具的保函）。

（5）公告：采购人应当自政府采购合同签订之日起 2 个工作日内，将政府采购合同在省级以上人民政府财政部门指定的媒体上公告，但政府采购合同中涉及国家秘密、商业秘密的内容除外。

（6）备案：政府采购项目的采购合同自签订之日起 7 个工作日内，采购人应当将合同副本报同级政府采购监督管理部门和有关部门备案。

（7）追加采购，但所有补充合同的采购金额不得超过原合同采购金额的 10%。

【考点 5】政府采购的质疑与投诉

询问	供应商对政府采购活动事项有疑问→找采购人	3 日内对供应商提出的询问作出答复
质疑	供应商认为采购事项使自己的权益受到损害→找采购人	①在知道权益受到损害之日起 7 日内书面提出疑问；②采购人应当在 7 日内书面答复，且不得涉及商业秘密
投诉	质疑供应商对答复不满意或未在规定的时间内答复→找本级财政部门	①在答复期满后 15 个工作日内提出投诉；②自收到投诉后 30 个工作日内作出处理决定；③投诉人对政府采购监督管理部门的投诉处理决定不服，可以申请行政复议或提起行政诉讼